Brigitte Windeck

Servietten falten

CHRISTOPHORUS
BRUNNEN-REIHE

Inhalt

3 Herzliche Einladung

4 Tulpe

6 Osterhase

8 Doppelte Welle

10 Lotusblüte

12 Herz

14 Jackett

16 Pfau

18 Krone

20 Paravent

22 Fächer

24 Wundertüte

26 Blatt

28 Kerze

30 Tannenbaum

Zeichenerklärung

·········· *Faltlinie*

↻ *Serviette wenden*

Herzliche Einladung

Wenn man liebe Gäste einlädt, möchte man ihnen auch etwas bieten. Neben einem leckeren Essen gehört für mich auch ein schön gedeckter Tisch dazu. Und da dürfen natürlich gefaltete Servietten nicht fehlen!

Ich stelle Ihnen in diesem Büchlein Faltideen für die unterschiedlichsten Gelegenheiten vor. Natürlich werden Sie Vorschläge für Weihnachten und Ostern finden. Und wie wäre es mal mit einem Herz zum Muttertag oder einer Wundertüte zum Kindergeburtstag? Neben klassischen Motiven werden Sie auch Modernes entdecken. Lassen Sie Ihre Phantasie spielen und verwenden Sie andere Servietten als ich! Sie werden überrascht sein, wie hübsch es aussieht, wenn aus der Wundertüte statt Gummibärchen Ostereier oder Blüten herausfallen.

Fast alle Motive lassen sich mit Papierservietten falten, denn wer möchte schon nach jedem Besuch Stoffservietten waschen. Um Ihnen die Auswahl zu erleichtern, habe ich auf jeder Seite angegeben, aus welcher Serviette (Art und Größe) ich das Motiv gefaltet habe und aus welchen Servietten es sich grundsätzlich falten lässt.

Und nun wünsche ich Ihnen viel Spaß mit Ihren Gästen!

Brigitte Windeck

Tulpe

Material

- Papierserviette, 33 x 33 cm

oder
- gestärkte Stoffserviette bis 40 x 40 cm
- Vliesserviette

Endlich wird es Frühling. Da ist eine gefaltete Tulpe genau das Richtige! Hübsch sieht das Motiv auch aus einfarbigen Servietten aus.

1 Serviette mit der Rückseite nach oben hinlegen und diagonal zum Dreieck falten.

2 Dreieck in der Mitte falten, sodass wieder ein Dreieck entsteht.

3 Die untere Dreiecksspitze auf Vorder- und Rückseite auf die obere Spitze falten.

4 Die untere Spitze auf beiden Seiten nach oben falten.

5 Die Tulpe auffalten. Die nach oben gefalteten Dreiecksspitzen geben der Blüte Stabilität.

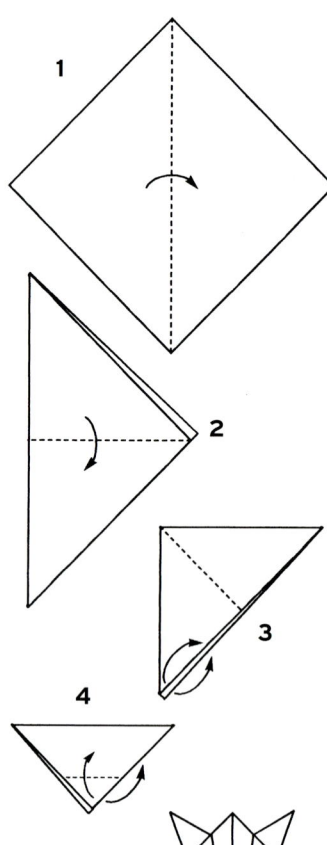

Osterhase

Material

- Vliesserviette, 40 x 40 cm
- 2 Wackelaugen, 12 mm

oder

- Stoffserviette, mindestens 40 x 40 cm

Ein lustiger Blickfang auf jeden Ostertisch!

1 Serviette mit der Rückseite nach oben hinlegen und diagonal zum Dreieck falten.

2 Die beiden Dreiecksspitzen zur Mitte falten, sodass ein Quadrat entsteht. Serviette umdrehen.

3 Die untere Spitze des Quadrats nach oben falten, sodass ein Dreieck entsteht.

4 Die vorderen drei Dreiecksspitzen nach unten falten. Die Spitzen stehen ca. 4 cm über den unteren Rand hinaus.

5 Alle unteren Spitzen um den Rand nach hinten falten. Die seitlichen Spitzen auf der Rückseite ineinander stecken. Die „Ohren" ausformen und ein Ohr nach vorne falten. Die Wackelaugen anbringen.

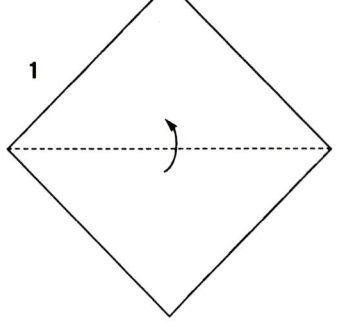

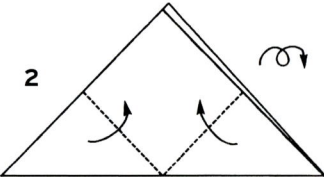

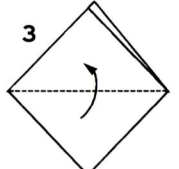

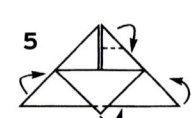

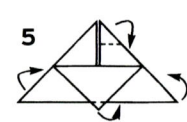

Tipp

Sie können den Osterhasen auch auf einen flachen Eierbecher setzen und als Eierwärmer verwenden.

Doppelte Welle

Material

- Papierserviette, 33 x 33 cm

oder
- Vliesserviette
- Stoffserviette (Größe beliebig)

Die Doppelte Welle lässt sich mit allen Serviettenarten falten. Probieren Sie es auch mal mit Motivservietten. Bei vielen Mustern sieht die Wellenform sehr hübsch aus.

1 Serviette mit der Rückseite nach oben auf den Tisch legen und in der Mitte falten. Es entsteht ein Rechteck.

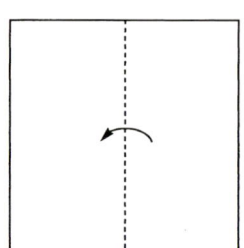

2 Das obere Ende in einem leichten Bogen nach vorne rollen.

3 Das untere Ende nach unten biegen, aber nicht falten, damit ein Wellencharakter entsteht.

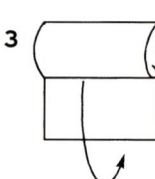

Tipp

Achten Sie bei Motivservietten darauf, dass Sie das Motiv „verlängern" und kein Bruch entsteht. Bei Servietten ohne Motiv sieht es schöner aus, wenn beide Bogen etwa gleich groß sind.

Lotusblüte

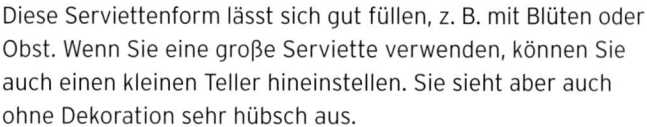

Material

- gestärkte Stoffserviette, 40 x 40 cm

oder

- Papierserviette
- Vliesserviette (Größe beliebig)

Diese Serviettenform lässt sich gut füllen, z. B. mit Blüten oder Obst. Wenn Sie eine große Serviette verwenden, können Sie auch einen kleinen Teller hineinstellen. Sie sieht aber auch ohne Dekoration sehr hübsch aus.

1 Serviette mit der Rückseite nach oben auf den Tisch legen und alle vier Ecken diagonal zur Mitte falten. Es entsteht ein Quadrat.

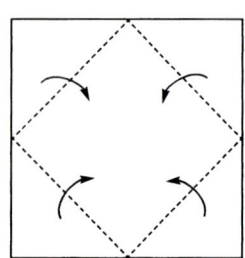

2 Die Ecken wieder diagonal zur Mitte falten und die Serviette umdrehen.

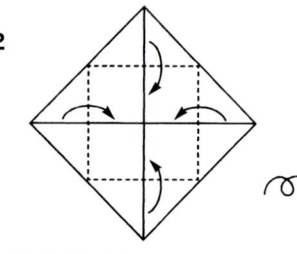

3 Noch einmal die Ecken zur Mitte falten.

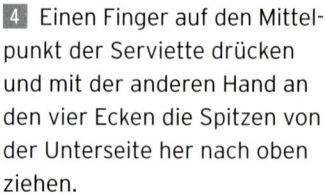

4 Einen Finger auf den Mittelpunkt der Serviette drücken und mit der anderen Hand an den vier Ecken die Spitzen von der Unterseite her nach oben ziehen.

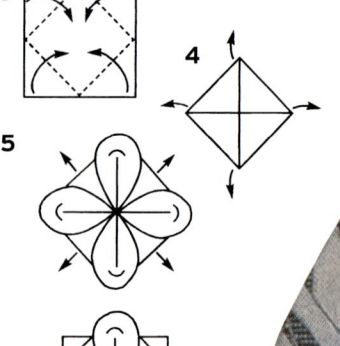

5 Zwischen den vier Blütenblättern die Zipfel von der Unterseite her leicht nach vorne rausziehen.

Herz

Eine schöne Faltidee zur Hochzeit, zum Muttertag oder für ein romantisches Dinner zu zweit.

Material

- Papierserviette, 33 x 33 cm

oder
- Stoffserviette
- Vliesserviette (Größe beliebig)

1 Serviette mit der Rückseite nach oben vor sich hinlegen und in der Mitte falten, sodass ein Rechteck entsteht.

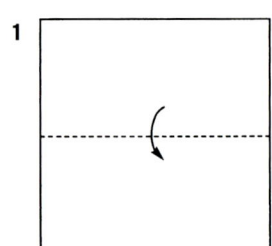

2 Unterkante des Rechtecks nach oben falten, sodass sie etwa 2,5-3 cm unterhalb der oberen Kante liegt.

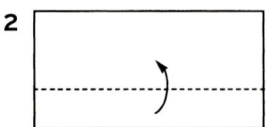

3 Vom Mittelpunkt der Unterkante aus die beiden Seiten diagonal nach oben falten.

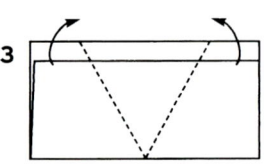

4 Die Ecken der beiden geraden Enden nach hinten umfalten. Darauf achten, dass die Oberkanten etwa gleich lang sind, damit eine schöne gleichmäßige Form entsteht.

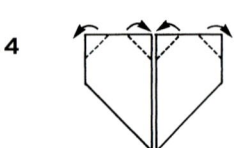

Jackett

Material

- Stoffserviette, 33 x 33 cm

oder
- Papierserviette
- Vliesserviette (Größe beliebig)

Wer es festlich mag, für den ist das Jackett genau das Richtige!

1 Serviette mit der Rückseite nach oben hinlegen und diagonal zum Dreieck falten.

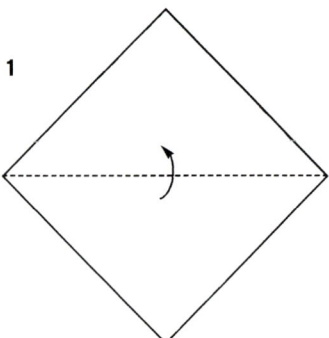

2 Die Faltkante 2-3 cm nach oben falten und die Serviette um die Längsachse umdrehen.

3 Die seitlichen Spitzen zur unteren Spitze falten, sodass sie weitgehend überlappen.

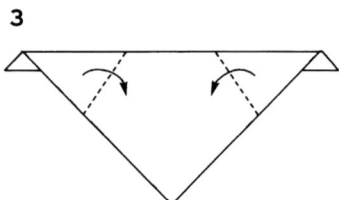

4 Die Seitenteile nach hinten klappen und das untere Ende ebenfalls nach hinten einschlagen.

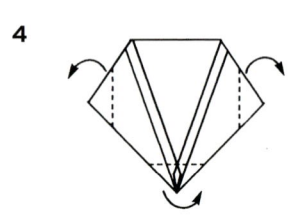

Pfau

Material

- 2 Stoffservietten, 40 x 40 cm
- Alufolie

oder

- 2 Vliesservietten, 40 x 40 cm

Der Pfau besteht aus zwei Teilen. Der Fächer wird als Serviette verwendet, während der Körper als Tischschmuck stehen bleibt. Hübsch sieht der Pfau auch als Dekoration auf einem Büfett aus.

1 Serviette mit der Rückseite nach oben auf den Tisch legen. Auf die untere Hälfte ein Stück Alufolie legen und die obere Hälfte darüber falten. Darauf achten, dass die Alufolie an der Faltkante anliegt.

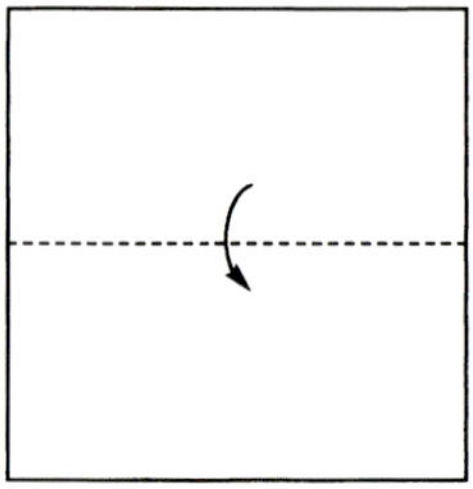

2 Die beiden oberen Ecken diagonal zum Mittelpunkt der Unterkante falten. Es entsteht ein Dreieck.

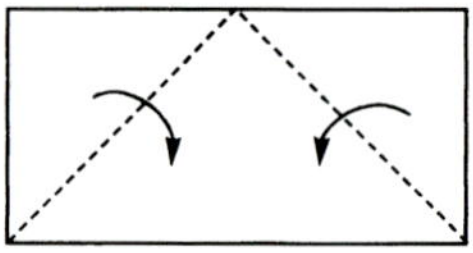

3 Die Seiten des Dreiecks diagonal zur Mitte hin umfalten.

4 Die Seiten der entstandenen Raute in der Hälfte zur Mitte hin falten, sodass die seitlichen Ecken auf der Mittellinie liegen.

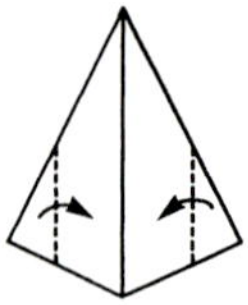

5 Die Serviette wenden.

6 Den Hals nach oben biegen und ausformen. Dann den Kopf nach vorne biegen und den Schnabel durch einen festen Knick in der Spitze andeuten.

7 Den Fächer von Seite 22/23 als Schwanz auf den Körper setzen.

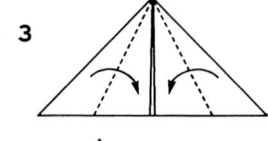

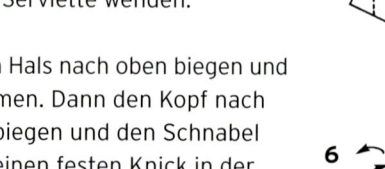

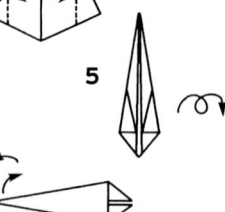

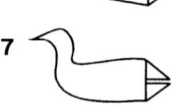

Krone

Material

- durchgefärbte Papierserviette, 33 x 33 cm

oder
- Vliesserviette
- gestärkte Stoffserviette (Größe beliebig)

Ob festlich oder eher einfach: Die Krone sieht aus allen durchgefärbten Serviettensorten hübsch aus und lässt sich daher für jeden Anlass verwenden.

1️⃣ Die Serviette mit der Rückseite nach oben auf den Tisch legen und in der Mitte falten. Das Rechteck liegt hochkant.

2️⃣ Die Serviette mit einem Finger im Viertel der Bruchkante festhalten. Mit der anderen Hand die obere seitliche Spitze fassen und zum Mittelpunkt ziehen. Mit der unteren Spitze wiederholen. Es entsteht eine Art Doppelhaus.

3️⃣ Die beiden äußeren „Haushälften" nach hinten falten, sodass ein Quadrat entsteht.

4️⃣ Auf der rechten, offenen Seite der Serviette die beiden oberen Ecken diagonal zur Mitte hin falten. Die unteren Ecken ebenso auf die Rückseite falten. Es entsteht wieder ein Haus.

5️⃣ Die „Dachspitze" auf Vorder- und Rückseite jeweils zur Mitte hin falten. Es entsteht ein Rechteck.

6️⃣ An der offenen Seite mit beiden Händen in die Serviette hineingreifen und zur Krone auseinander ziehen.

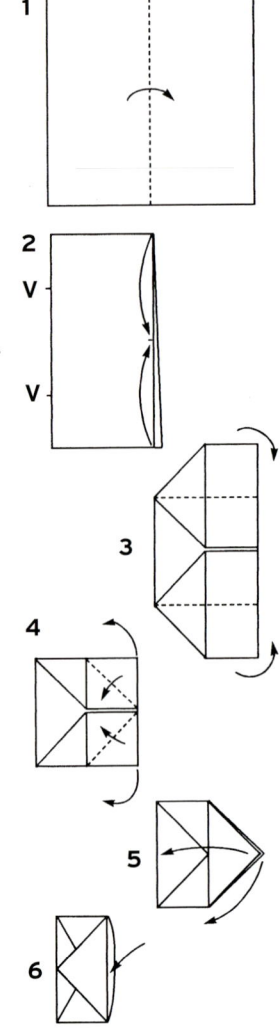

Paravent

Material

- Papierserviette mit Motiv, 33 x 33 cm
- Alufolie

Endlich einmal eine Faltidee für Servietten mit großflächigen Motiven!

1 Serviette mit der Rückseite nach oben vor sich hinlegen und in der Mitte falten, sodass ein Rechteck entsteht. Wichtig: Ein Motiv ist richtig rum, eins steht auf dem Kopf!

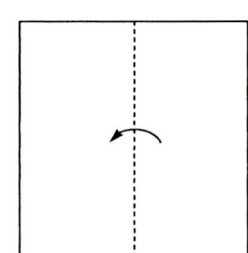

2 Serviette in der Mitte falten. Es entsteht ein Quadrat. Ein Stück Alufolie einlegen. Darauf achten, dass die Folie an der Faltkante anliegt.

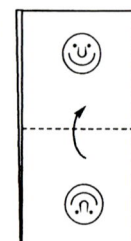

3 Oberkante etwa 2,5 cm nach vorne falten. Wenn Ihr Motiv einen „Rahmen" hat, falten Sie an dieser Kante. Faltkante gut ausstreichen.

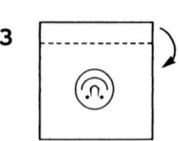

4 Serviette in der Mitte falten, Kante gut ausstreichen und wieder auffalten.

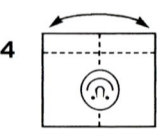

Fächer

Material

- Papierserviette, 33 x 33 cm

oder
- Stoffserviette
- Vliesserviette (Größe beliebig)

Der klassische Fächer hat beinahe unendlich viele Anwendungsmöglichkeiten. Aus weißen Stoffservietten wirkt er festlich, aus bunten Papierservietten modern.

1. Serviette mit der Rückseite nach oben auf den Tisch legen und in der Mitte falten. Es entsteht ein Rechteck.

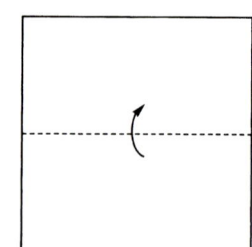

2. Das Rechteck wieder in der Mitte falten.

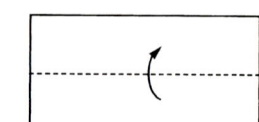

3. Das schmale Rechteck in gleichmäßige Ziehharmonika-Falten legen und fest zusammenpressen. Je kleiner und genauer Sie falten, desto runder fällt der Fächer.

4. Den unteren Rand der Serviette fest in die Hand nehmen und den oberen Rand zum Fächer auseinander ziehen.

Tipp

Falten Sie den Fächer mal mit einer Serviette mit Spitze.

Wundertüte

Material

- Papierserviette, 33 x 33 cm

oder
- gestärkte Stoffserviette
- Vliesserviette (Größe beliebig)

Eine tolle Idee für den Kindergeburtstag! Aber die Wundertüte kann auch andere Überraschungen bergen, z. B. Blüten oder Weihnachtsplätzchen.

1 Die Serviette mit der Rückseite nach oben hinlegen und in der Mitte so falten, dass ein Rechteck entsteht.

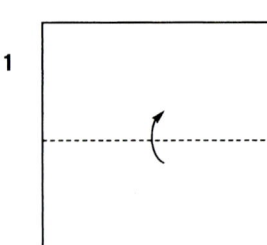

2 Die linken oberen Ecken diagonal zur Mitte hin falten.

3 Das Dreieck über das Quadrat schlagen.

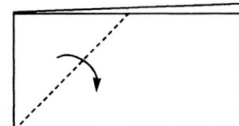

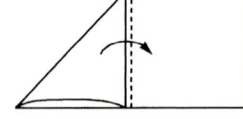

4 An der unteren Seite mit einer Hand in das Dreieck greifen und es locker von links nach rechts einrollen.

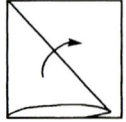

5 Die unteren Spitzen nach hinten umfalten.

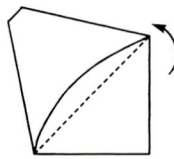

Blatt

Material

- Papierserviette, 33 x 33 cm

oder
- Stoffserviette
- Vliesserviette (Größe beliebig)

Das Blatt passt je nach Serviette zu allen Jahreszeiten und ist immer ein origineller Blickfang auf dem Tisch.

1 Serviette mit der Rückseite nach oben hinlegen und diagonal zu einem Dreieck falten.

2 Das Dreieck in Ziehharmonika-Falten (2-3 cm breit) legen. Eine Falte, deren Falzkante nach oben zeigt, sollte genau durch die Spitze gehen. Deshalb am besten in der Mitte mit dem Falten beginnen.

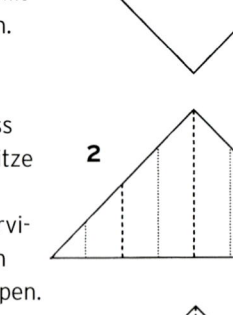

3 Serviette so legen, dass die Falte, die durch die Spitze geht, vor Ihnen liegt. Die beiden Hälften der Serviette gleichzeitig von unten fassen und nach oben klappen. Die mittlere Falte hat sich geöffnet. Das untere Ende etwa 3-4 cm breit nach hinten umfalten.

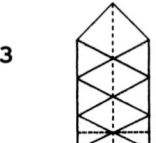

4 Mit beiden Händen unter die Serviette fassen und die Enden nach hinten biegen.

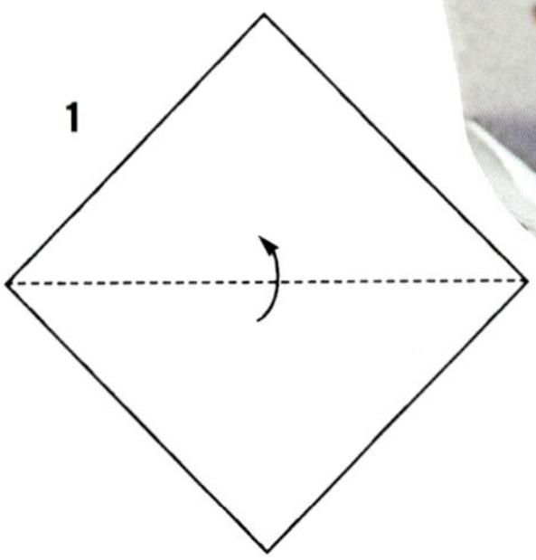

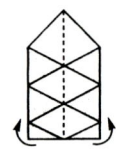

Kerze

Eine Serviette in Kerzenform passt fast immer: Zum Geburtstag, zu Weihnachten, zum festlichen Dinner...

Material

- Vliesserviette, 40 x 40 cm

oder

- Stoffserviette, 40 x 40 cm

1 Serviette mit der Rückseite nach oben hinlegen und diagonal in der Mitte falten, sodass ein Dreieck entsteht.

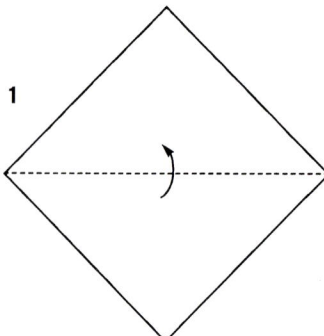

2 Die beiden Spitzen des Dreiecks auf den Mittelpunkt der Unterkante falten.

3 Die obere Dreiecksspitze wieder nach oben falten, sodass sie ein Stück über die obere Kante hinausragt.

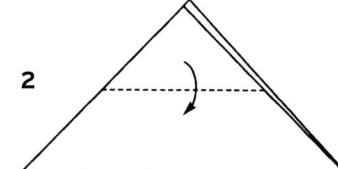

4 Die rechte Seite kurz vor der „Flamme" nach links klappen.

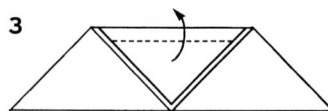

5 Serviette von der seitlichen Faltkante her fest aufrollen und aufstellen.

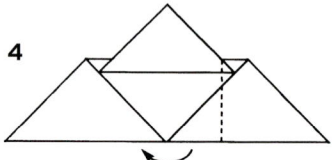

Tipp

Damit die Kerze besser hält, einfach mit Sterndraht umwickeln.

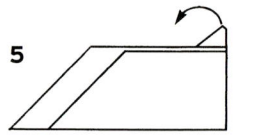

Tannenbaum

Material

- Papierserviette, 33 x 33 cm

oder

- Stoffserviette
- Vliesserviette (Größe beliebig)

Ein Tannenbaum macht sich auf einem weihnachtlich gedeckten Tisch immer gut. Probieren Sie es auch, es ist leichter, als es aussieht!

1 Serviette mit der Rückseite nach oben hinlegen und in der Mitte falten. Es entsteht ein Rechteck.

2 Den Zeigefinger auf den Mittelpunkt der oberen Kante legen. Die rechten Ecken des Rechtecks diagonal zur Mitte falten, dann die linken Ecken. Darauf achten, dass die Faltkante etwas über dem Mittelpunkt der Seitenkante liegt.

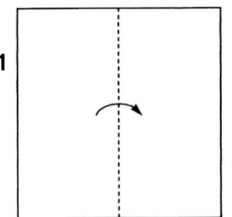

3 Den unteren Teil der Serviette am Ansatz der Spitzen in einer waagerechten Linie nach oben falten.

4 Den umgeschlagenen Teil waagerecht zurückfalten, sodass die Spitze sichtbar wird und die Kante den unteren Rand der Serviette um 2-3 cm überragt.

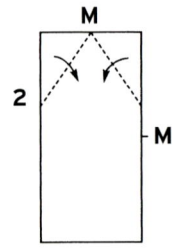

5 Mit der Hand links in die „Tasche" hineinfassen und das obere Serviettenteil soweit zur Mitte hin umfalten, dass die entstehende Dreieckskante bündig mit der Außenkante abschließt. Auf der anderen Seite wiederholen.

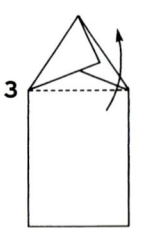

6 Den „Stamm" unten etwas einschlagen und die Serviette wenden.

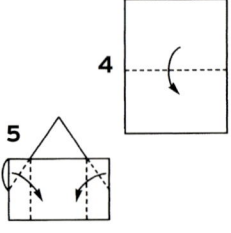
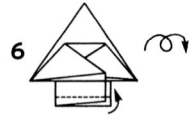

Impressum

© 2001
Christophorus Verlag GmbH
Freiburg im Breisgau
Alle Rechte vorbehalten –
Printed in Germany
ISBN 3-419-56251-9

Jede gewerbliche Nutzung der Arbeiten und Entwürfe ist nur mit Genehmigung der Urheber und des Verlages gestattet. Bei Anwendung im Unterricht und in Kursen ist auf diesen Band der Brunnen-Reihe hinzuweisen.

Lektorat:
Ursula Brunn-Steiner,
Wiesbaden

Styling und Fotos:
Beatrice Krämer, Taunusstein
Titel: Andreas Gerhardt,
Freiburg

Covergestaltung und Layoutentwurf:
Network!, München

Coverrealisierung:
smp, Freiburg

Produktion:
Carsten Schorn, Merzhausen

Druck:
Freiburger Graphische Betriebe

Wir sind für Sie da, wenn Sie Fragen haben.
Und wir interessieren uns für Ihre eigenen Ideen und Anregungen.
Schreiben Sie uns, wir hören gern von Ihnen!
Ihr Christophorus-Team

Christophorus-Verlag GmbH
Hermann-Herder-Str. 4
79104 Freiburg
Tel.: 0761/ 27 17-0
Fax: 0761/ 27 17-3 52
e-mail:
info@christophorus-verlag.de

Profi-Tipp der Autorin

Servietten stärken

Stoffservietten lassen sich besser falten, wenn sie etwas gestärkt sind. Aber Achtung: Je nach Material müssen Sie mehr oder weniger stärken: Eine Leinenserviette braucht fast keine Wäschestärke, während Kunstfasern auf jeden Fall gestärkt werden müssen. Am einfachsten gehts mit Sprühstärke. Sie können beliebig oft nachsprühen, bis Sie den gewünschten Steifegrad erreicht haben. Probieren Sie bei farbigen Servietten aus Kunstfasern an einem Zipfel aus, ob die Sprühstärke „Fusseln" hinterlässt.

Weitere Titel aus der Brunnen-Reihe